5 Land der Abenteuer S. 44

51 Dschungel X-pedition S. 46
52 Safari Tour S. 50
53 Abenteuerspielplatz S. 45
54 Proviantdepot S. 45
55 Affentheater S. 41
56 Dino Camp

6 X-TREME S. 52

61 LEGO Racers Drome S. 54
62 LEGO Studios S. 53
63 Techno Schleuder
64 Project X – LEGO Test Strecke S. 52
65 LEGO MINDSTORMS Center S. 56
66 LEGO Akademie
67 Wellenreiter S. 52
68 Dino Grill
69 Wasserspielplatz S. 52

7 Eingangsbereich

71 Big Shop
72 Cafe Ein Stein

Das große Buch vom LEGOLAND® Deutschland

Dies ist ein Rundgang durch's LEGOLAND Deutschland. Wir zeigen euch raffinierte Modellbauten, witzige Details, interessante Hintergründe, brauchbare Tipps, kreative Modelldesigner, abenteuerliche Attraktionen, einmalige Entstehungsgeschichten, lustige Anekdoten, schöne Impressionen und vieles andere.

Kommt mit!

Autor: Bernd Wißner
Redaktion: Michael Friedrichs, Nicola Kächele
Fotos: Bernd Wißner, Alfred Neff, Michael Friedrichs
Ulrich Wagner, Augsburg: Von ihm stammen die einmaligen Bilder von der Aufbauphase
Norbert Schäfer, Düsseldorf: S. 30 Mitte, 32 Mitte, 42 links, 52 links Mitte
Bildbearbeitung, Hintergrundgestaltung: Alfred Neff
Layout: Bernd Wißner, Alfred Neff
Druck: Joh. Walch, Augsburg

Die Deutsche Bibliothek – CIP-Einheitsaufnahme
Das große Buch vom LEGOLAND Deutschland / [Bernd Wißner]. –
Augsburg : Wißner, 2002
ISBN 3-89639-341-3

Hergestellt von Wißner-Verlag unter Lizenz der LEGO Gruppe.

Inhalt

Miniland –
Hier staunst du Bauklötze

Unser Rundgang beginnt im Miniland, dem Herzstück von LEGOLAND Deutschland. Wisst ihr, warum eure Eltern so gerne mit euch in diesen Park kommen? Weil sie auch so viel Spaß an den faszinierenden Modellen haben. Es ist eine richtige kleine Welt mit stilecht nachgebauten Wahrzeichen, Gebäuden, Schiffen und Flugzeugen. Auf den zweiten Blick entdeckt ihr hier aber auch viele amüsante und liebevolle Details. Abends geht sogar das Licht an.

Airport München mit startenden Flugzeugen

Schwäbische Dorflandschaft mit Puppenstuben und der Wallfahrtskirche Maria Vesperbild

Berlin mit Alexanderplatz, Berliner Dom, Unter den Linden, Reichstag und Brandenburger Tor

Venedig mit Markusplatz, Dogenpalast und Campanile

Skyline von Frankfurt, Sachsenhausen sowie Düsseldorf und Rhein-Mosel-Landschaft

Luzern mit dem berühmten Wasserturm, dahinter liegt das Berner Oberland

Nach Torschluss: Blick von der Achterbahn auf das Miniland

Amsterdam und niederländische Landschaft mit Windmühlen

Hamburger Hafen mit St. Pauli Landungsbrücken, Schiffen und Rummelplatz

Das Reichstagsgebäude

Im Miniland stehen ca. 40 Wahrzeichen aus verschiedenen Städten Europas. Eines davon ist das Berliner Reichstagsgebäude, das ihr sicher kennt, denn dort sitzt ja unsere Regierung.

Die Kuppel wurde am Ende des 2. Weltkrieges gesprengt. Nach der Wiedervereinigung beschloss der Deutsche Bundestag, das Gebäude wieder als Parlament zu nutzen. Den Auftrag zur Renovierung und zur Gestaltung eines modernen Parlamentes erhielt der Londoner Architekt Sir Norman Foster. Wenn ihr mal in Berlin seid, könnt ihr in der neuen Glaskuppel über den spiralförmigen Gang nach oben gehen. Dort hat man eine herrliche Aussicht auf die Stadt.

Seit 1999 ist das Reichstagsgebäude Sitz des Deutschen Bundestages.

Das Reichstagsgebäude wurde 1884–94 erbaut und hundert Jahre später renoviert.

Kuppel und Fernsehturm, Wahrzeichen in Miniland und Berlin

ca. 700 Teile nur für das Türmchen

Das Portal-Relief im Juni 1922 im Original und im Modell

Für den Bau brauchten die LEGO Modellbauer insgesamt 1.858 Arbeitsstunden. Das ergibt bei einem 8-Stundentag fast ein ganzes Jahr. In dieser Zeit müssen die Modellbauer trotzdem sehr schnell gearbeitet haben, denn im Reichstag stecken insgesamt 1.069.937 LEGO Steine. Pro Minute wurden also im Durchschnitt neun bis zehn Steine zusammengesteckt.

Das Reichstagsmodell im Miniland wiegt eine Tonne und belegt eine Fläche von 12 m². Es wurde in mehreren Teilen im dänischen Billund aufgebaut und anschließend nach Günzburg transportiert.

Muntere Mini-Männchen

Wenn ihr nach dem Betrachten der spektakulären Miniland Gebäude nicht sofort zur nächsten Achterbahn stürmt, entdeckt ihr sie spätestens jetzt: liebevolle und witzige Szenen, die sich an jeder Ecke abspielen. Darsteller sind ca. 10 cm kleine Männchen (und natürlich auch Weibchen), die, wie die Gebäude auch, im Maßstab 1:20 ausschließlich aus handelsüblichen LEGO Steinen hergestellt sind. Liebespaare, Touristen, Handwerker, Sportler, Raver – alle spielen sie ihre Rolle in dieser kleinen Welt. Manche der Szenen sind sogar animiert. Per Knopfdruck oder Joystick könnt ihr allerlei lustige Aktionen in Gang setzen. Übrigens: Keiner der verwendeten Steine ist speziell für die Konstruktion von Männchen konzipiert.

Eine Rikscha für die verstopften Berliner Straßen

Oldtimerparade vor dem Rathaus in Frankfurt

Kinderspielplatz Kohlenhalde

Zwei Raver in Action

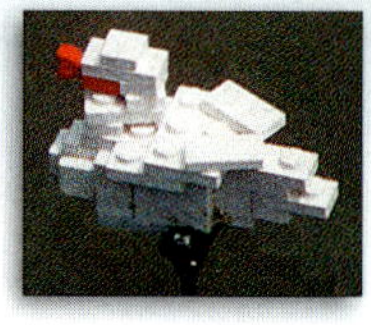

Schwanensee oder Vierwaldstätter See?

Ein Marionettenspieler vor der Gedächtniskirche. Die Marionette ist wohl das kleinste Männchen aus LEGO Steinen.

„Kunstliebhaber“ beim Fensterln am Museum

Clown-Artisten in Venedig

Eine der beliebtesten Szenen im Miniland ist die berühmte Love-Parade, ausnahmsweise vor dem Reichstagsgebäude. Auf Knopfdruck beginnt eine Gruppe zu raven und der passende Techno-Beat kommt aus den Boxen der Straßenbühne.

Ein Straßen-musikant

Heimliche Begegnung der zärtlichen Art

Pinguine und Seehunde im Berliner Tiergarten

Steinreiche Städte

Was kommt heraus, wenn bis zu 140 Modelldesigner drei Jahre lang mit 1200 verschiedenen LEGO Steinen kreativ sein dürfen? Ein neues LEGOLAND natürlich! Rund 25 Millionen dieser Steine stecken – im wahrsten Sinne des Wortes – im Miniland. Gemogelt wird nicht, es sind alles handelsübliche Steine.

Fangt doch schon mal an zu zählen!

Der normale 8-Noppen-Stein bringt ziemlich genau 3,5 Gramm auf die Waage. Aber die Designer brauchen üblicherweise sehr viele von den kleineren Steinen, so dass das Durchschnittsgewicht bei ca. einem Gramm liegt. Allein das Miniland wiegt also rund 25 Tonnen. Und damit es euch vor lauter Steinen nicht zu trocken wird: Zwei Millionen Liter Wasser fließen in den Kanälen, Grachten und Hafenbecken. Im LEGOLAND Deutschland gibt es deshalb sogar ein eigenes Wasseraufbereitungswerk.

Der Messeturm in Frankfurt gehört mit einer Höhe von 257 Metern zu den höchsten Bürohäusern Deutschlands. Für die Modelle der Frankfurter Skyline wurde ein anderer Maßstab gewählt, denn bei 1:20 wäre der Messeturm sonst 12,80 m hoch geworden statt der jetzigen 4 m. Immerhin verbrauchte er trotzdem noch 925.000 Steine.

Das Brandenburger Tor ist mit 128 Kilo ein relativ leichtes Modell. Für die 128.700 Steine brauchten die Modelldesigner 390 Stunden zum Planen und Zusammenstecken incl. einiger Nachtschichten. Das ehemalige Stadttor ist im Original 20 m hoch und 65 m breit.

Doch nicht jeder Stein im Miniland ist ein LEGO Stein. Was wäre die Schweiz ohne Berge? Also erhebt sich hier, modelliert aus Spritzbeton, ein felsiger Aussichtsberg. Es ist das Schilthorn, das eigentlich nicht direkt hinter Luzern, sondern im Berner Oberland liegt. Das Drehlokal auf dem Gipfel „Piz Gloria“ war die weltbekannte Kulisse zu dem James Bond Film „Im Geheimdienst Ihrer Majestät“ mit George Lazenby.

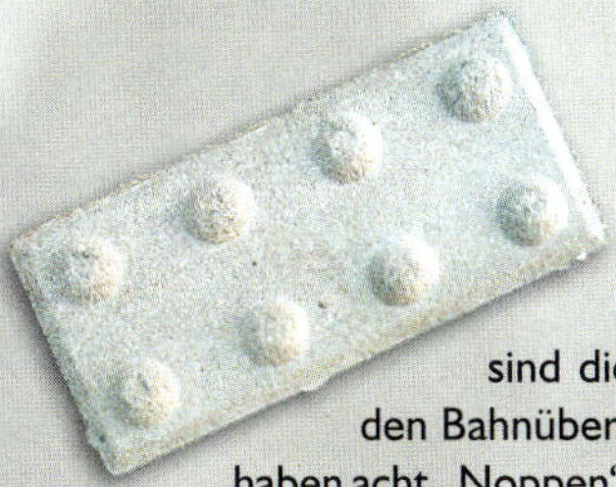

Ebenfalls aus Beton sind die Pflastersteine an den Bahnübergängen. Auch sie haben acht „Noppen“.

Das Rote Rathaus in Berlin ist der erste Blickfang im Miniland. 712.000 Steine wurden verbaut.

Im ausgewogenen Kontrast stehen vor den modernen Wolkenkratzern die alten Häuser rund um den Römer.

Auf dem ausgedehnten Areal des Münchener Flughafens sind vier Millionen Steine verteilt. Manche sind knapp davor, sich in die Luft zu erheben – wenn man den richtigen Knopf drückt. Der Maßstab des Flughafens beträgt 1:50, passend zu den handelsüblichen LEGO Männchen.

Wie entsteht ein Miniland Modell?

Ein LEGO Modelldesigner braucht zunächst Fotos von allen Seiten, ggf. auch Luftaufnahmen und Grundrisse des Gebäudes. Dann entwirft er mit Hilfe von Modulpapier eine Gesamtzeichnung und verschiedene Detailzeichnungen. Im nächsten Schritt kalkuliert er, welche und wie viele Steine er benötigt.

Um die im Freien stehenden Modelle vor Sturm, Sonne, Kälte und Regen zu schützen, werden die Steine verklebt und erhalten einen UV-undurchlässigen Speziallack.

Ist euer Traumberuf LEGO Modellbauer? Dafür gibt es keinen bestimmten Ausbildungsgang, und man muss kein fertiger Ingenieur oder Architekt sein. Bei der Bewerbung kommt es darauf an zu zeigen, dass man das entsprechende Feingefühl im Umgang mit den LEGO Steinen besitzt, Fantasie hat und kreativ ist.

Bernd Kircher stammt aus der Nähe von Günzburg und war von Beruf Schreiner. Inzwischen ist er LEGO Modelldesigner. Er durfte ein Modell aus seiner Heimat bauen: die Wallfahrtskirche Maria Vesperbild. Es besteht aus 65.000 Steinen, die er in 240 Stunden zusammengefügt hat. Er arbeitet jetzt in der Modellbauwerkstatt im LEGOLAND Deutschland, im Team mit fünf weiteren Kollegen.

Auf LEGO Modulpapier im 8 x 3 mm Raster kann in Modellgröße geplant werden.

Ein Fenster vom Berliner Dom: Von Kim erst auf Modulpapier geplant und dann gebaut.

1200 verschiedene LEGO Steine gibt es (unterschiedliche Farben nicht eingerechnet). In Billund steht eine Regalwand, auf der man alle Steine und Bauteile überblicken ka

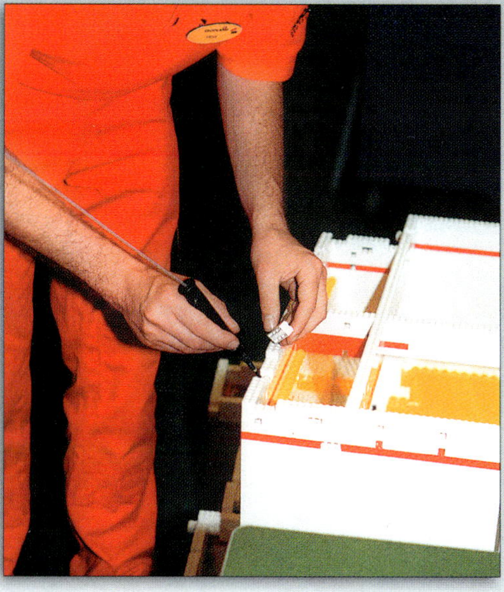

Mit guten Noppen kann es nicht floppen. Trotzdem: Damit die Modelle stabil bleiben, werden die Steine mit Gamma-Butyrolacton verklebt. Bei großen Modellen kommt der Kleber aus einer Kanüle. Die Kleberdämpfe werden ständig abgesaugt.

Kim Erik Vestergaard kommt aus Vejle in Jütland und hat Industriedesigner gelernt. Zur Bewerbung bei der LEGO Company wurde er aufgefordert, einen VW-Käfer zu bauen. Glück gehabt, Autos baut er gerne, als Vorbild dient hier eine Autozeitschrift.

Jeder Modellbauer richtet an seinem Platz die Utensilien nach seinen Wünschen ein. Hinter sich hat er ein Schubladenregal, und in diese Schubladen sortiert er die Steine, die er für seine derzeitigen Modelle benötigt. Die großen Arbeitstische sind höhenverstellbar. Die Steine werden vor dem Stecken auf das grüne Stempelkissen gedrückt. Dieses enthält den Klebstoff.

Im Miniland gibt es einen Baukran, der von euch ferngesteuert werden kann. Wegen der Belastung durch den Ausleger und die Drehbewegungen musste das Modell verstärkt werden. Dieses aufgeschnittene Ausstellungsstück zeigt die Verschraubung. Im geschlossenen Raum und ohne Animation wäre der Kran aber auch ohne die Metallverstärkung stabil.

Kreatives Schreiben

Vielleicht habt ihr schon einmal festgestellt, dass es ganz schön schwierig ist, mit LEGO Steinen Schriften zu bauen. Aber die LEGO Designer kennen einige Tricks, die ihr euch im Miniland abschauen könnt.

Viele Gebäude und Firmenfahrzeuge sind beschriftet, teilweise mit witzigen Anspielungen. So heißt z.B. die Kohlenhandlung „Schwarz und Sauber KG".

Firmen-Logos und Symbole werden in der gleichen Technik zusammengesteckt.

In der Ritterburg ist eines der wenigen Modelle mit Schrift in Draufsicht. Spezielles Modulpapier für Grundrisse mit quadratischen Kästchen im Format 8 x 8 mm hilft bei der Planung.

Für das Design von komplizierten Schriften ist dagegen das „Modulpapier für Seitenansicht" erforderlich. Jedes Feld ist so groß wie ein kleiner flacher Stein, 3 x 8 mm. Ein Deckstein und fünf quergestellte Zweiknopfsteine sind so hoch und so breit wie zwei LEGO Steine. Mit diesem Trick werden viele Schriften gebaut.

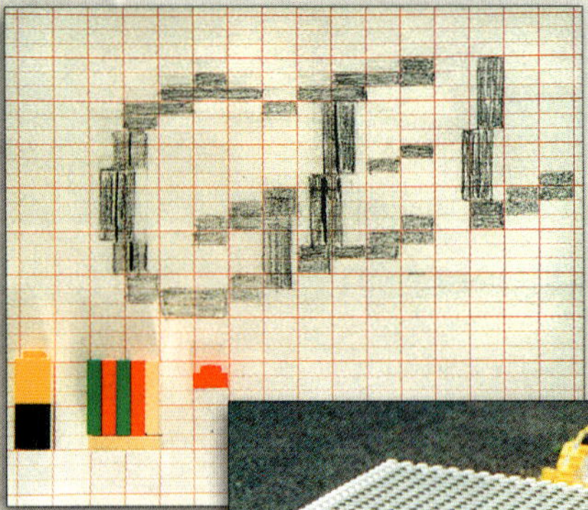

Geschwungene Schriften verlangen viel Kreativität

Liebevoll gestaltete Schausteller-Logos auf dem Rummelplatz in Hamburg

Eine kleine Reminiszenz an die Heimat der LEGO Company

Mit hinterleuchteten Glasbausteinen könnt ihr schöne Effekte erzielen.

Die Schriftentechnik wird auch für Mosaike verwendet.

Der 3D-Effekt, gebaut mit Abschluss-Steinen ohne Noppen. Die Buchstaben können in der Tiefe variiert werden.

In der seitlichen Ansicht erkennt ihr die Bauweise.

Hoppla – sogar die Biergläser sind aus LEGO Steinen. Auch hier werden quergestellte Decksteine verwendet, um Vielfalt in der Typografie zu erreichen.

Fraktur-Schriften sind somit kein unlösbares Problem

Und Action! Modelle in Bewegung

Die Schiffe in den Kanälen werden von einem Gummiseil gezogen, das über Rollen geführt wird.

Das Miniland steckt voller Technik. Hier seht ihr Autos und Flugzeuge, die einer unsichtbaren Leitspur folgen. Eisenbahnen und Schiffe drehen ihre Runden. Musik und Stimmen ertönen aus versteckten Lautsprechern und die Häuser, Straßen und Rollfelder sind abends stimmungsvoll beleuchtet. 30.000 m Kabel für Strom und Signalimpulse waren dafür notwendig. Licht wird über Glasfaser transportiert. Im Flughafen gibt es z.B. 1200 Lichter am Ende von insgesamt 6000 m Glasfaserleitungen. Straßenlaternen und beleuchtete Häuser zaubern auf diese Weise abends ein stimmungsvolles Bild.

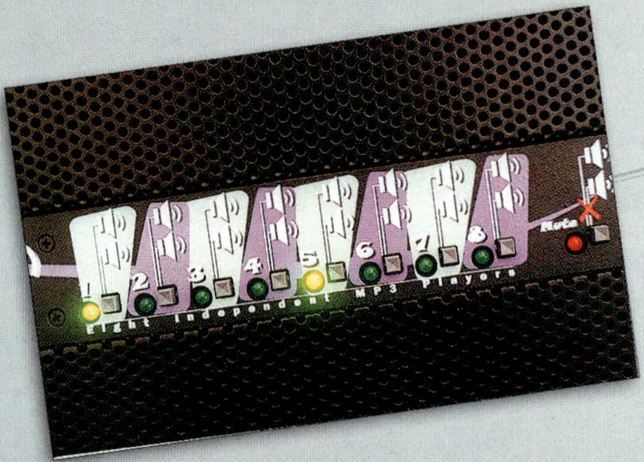

Unzählige MP3-Player geben die Tonsignale für den ganzen Park.

Stefan Ganser ist Elektromeister und kommt aus der Nähe von Günzburg. Er ist dafür zuständig, dass sich im Miniland alles bewegt. Auf diese Aufgabe wurde er eineinhalb Jahre in Billund vorbereitet. Die gesamte Verkabelung hat er selbst vorgenommen oder überwacht. Sein Arbeitsplatz ist eigentlich der Technikraum mit der Leitstelle vom Miniland, aber oft muss er auch wie Gulliver durch die Lilliputwelt stiefeln.

Üblicher Scherz von den Designer-Kollegen. Oft findet man die Namen von LEGOLAND Mitarbeitern an Fassaden oder Autos.

Kleine Ursache, große Wirkung: Durch die Hitze hat der Akku versagt. Das Flugzeug verliert die Leitlinie und wird kurze Zeit später automatisch abgeschaltet.

Sogar dem entlaufenen Kamel wird ausgewichen, denn die Autos folgen einer unsichtbaren Leitlinie: Im Straßenbelag liegt leicht versetzt zur Route eine Leitung, in der ein hochfrequenter Strom fließt. Ein Sensor im Auto erfasst das elektromagnetische Feld und hält einen justierbaren Abstand ein.

In bestimmten Abständen sind in der Straße zwei Kontakte eingebaut. Auch unter den Autos gibt es zwei Kontaktflächen. Berühren diese Kontaktflächen die Drähte auf der Straße, hält das Auto an. Die Akkus werden kurz aufgeladen und der Leitcomputer erhält ein Signal, dass das Fahrzeug ordnungsgemäß angekommen ist. In diesem Fall geht es nach kurzer Zeit weiter, anderenfalls wird dieser Kreislauf stillgelegt und die Leitstelle erhält eine Fehlermeldung.

Solche Kontaktstellen gibt es auch auf der Fähre. Deswegen hat das Schiff auch eine Verkabelung unter Wasser.

Das ist Commander X von der Teststrecke, bzw. sein Ebenbild in der Modellwerkstatt. Er zeigt und erklärt euch detailliert sein ganzes bewegtes Innenleben. Sogar die Augenbrauen aus LEGO Steinen kann er heben. Viele Bewegungen werden pneumatisch, d.h. mit Luftdruck realisiert.

Eine zentrale Lampe gibt ihr Licht mittels Glasfiberleitungen an viele Endpunkte. Jedes Fenster ist somit beleuchtet.

Und wenn was kaputtgeht?

Jeden Morgen gegen 8 Uhr erwacht der Park. Mit kleinen Straßenkehrmaschinen rückt die Putzkolonne an, gefolgt von den Modelldesignern und Technikern. Zwar hält sich Vandalismus in Grenzen, aber Verschleiß, Zufälle oder Unachtsamkeit machen kleine Reparaturen notwendig. Gelegentlich entstehen auch Wetterschäden. Doch nur in der kurzen Winterpause von Mitte Januar bis Mitte März werden die Modelle gesichert: Die großen animierten Figuren werden abgebaut, in eine Lagerhalle gebracht und dort generalüberholt. Einige Miniland Modelle mit vielen Detailstrukturen werden in Folie gewickelt. Gereinigt wird im Frühjahr dann mit einer Handspritzpumpe oder mit einem Pinsel.

Hier repariert Ilja einen LEGO Freund, dem die Hand abgebrochen ist. Ein Kind hatte an dem Schraubenschlüssel herumgeturnt.

Ilja Schüler baut schon sehr lange mit LEGO Steinen. Zunächst waren es vor allem Ritterburgen, dann kam LEGO TECHNIC und schließlich LEGO MINDSTORMS. Als die Stelle eines Modelldesigners im LEGOLAND Deutschland ausgeschrieben wurde, hat Ilja sich beworben. Von ihm stammt z.B. das Brandenburger Tor, wofür er 300 Stunden benötigt hat. Wenn es gut läuft, arbeitet er bis tief in die Nacht.
Bei seiner Bewerbung durfte er die Vision eines Zukunftshauses bauen. Vorher war er Kaufmann, doch er will Modelldesigner bleiben, denn es gibt immer wieder neue Herausforderungen.

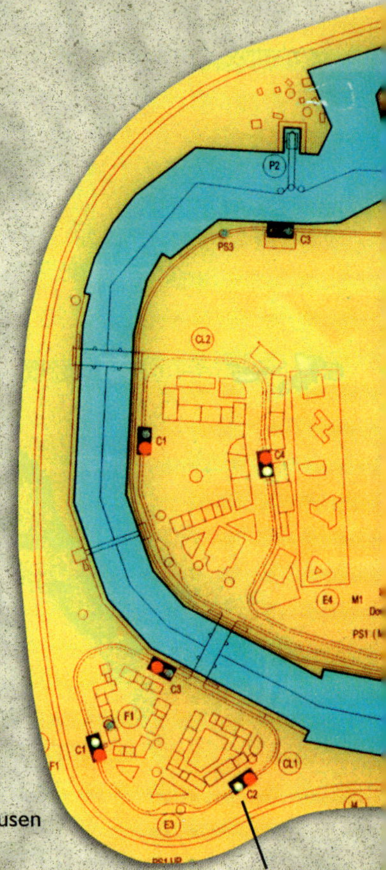

Frankfurt, Römer mit Rathausplatz, rechts daneben die Grundrisse der fünf Hochhäuser

Sachsenhausen

Kontaktstellen auf den Straßen

Großeinsatz auf dem Flughafen. Die Pflanzen sind so hoch geworden, dass die Flugzeuge mit den Tragflächen hängen bleiben. Zusätzlich haben Wurzeln die Platten angehoben. Alle Abteilungen helfen, natürlich auch die Gärtner.

Für die Modelldesigner Vera und Ilja hatten die dänischen Kollegen ein Überraschungspaket geschickt.

Die Mechanik eines ferngesteuerten Karussells versagt, da muss Stefan Ganser ran.

Vera Feldmann ist gelernte Schaufensterdekorateurin und Schreinerin. Sie arbeitet schon lange für die LEGO Company und hat in ganz Deutschland die LEGO Schaufenster gestaltet. Bei der Eingangsprüfung durfte sie einen Hasen bauen. Geduld ist ihrer Ansicht nach eine wichtige Tugend für Modellbauer, denn an manchen Objekten arbeitet man Monate lang. Knapp zwei Jahre hat sie in Billund ihr Können perfektioniert, jetzt arbeitet sie in der Modellwerkstatt im LEGOLAND Deutschland.

Dem Hasen ist das Auge abgebrochen, es besteht aus einer kleinen LEGO Satellitenschüssel.

Die Pfalz bei Kaub

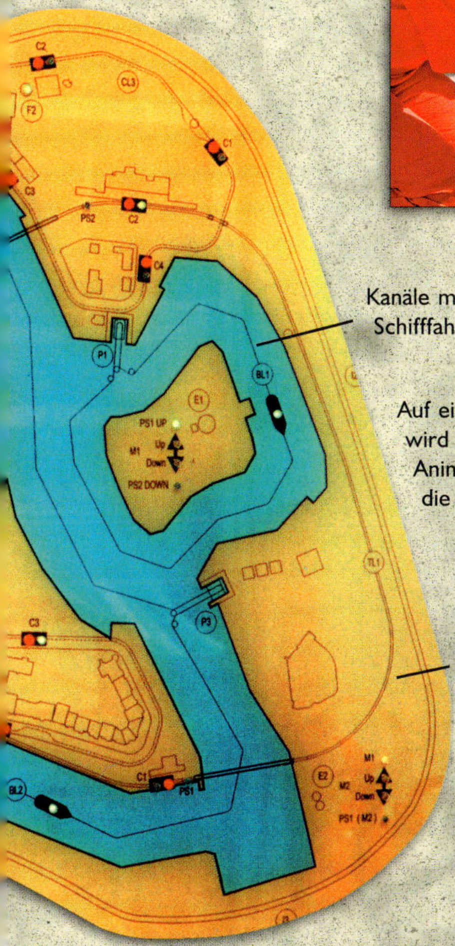

Kanäle mit Schifffahrtsrouten

Auf einer Lichttafel in der Leitstelle wird der Status der einzelnen Animationen angezeigt. Hier seht ihr die Tafel von Frankfurt.

Bahnschienen

Düsseldorf

Ein Schiff hat sich aus der Verankerung gerissen. Unter dem Dach eines Hafengebäudes ist die Steuerung versteckt.

Zur Reparatur braucht der Techniker Watstiefel, so wie dieser Angler in der Nähe.

Schwäbisches Umland

Die LEGOLAND Planer berücksichtigen bei ihrer Arbeit Landschaft, Kultur, Bauwerke und Wahrzeichen des Gastlandes. Schließlich wollt ihr in den Modellen Bekanntes entdecken. Als Nachbarschaftsgruß wollte man auch ein Wahrzeichen aus dem schwäbischen Umland bauen. In Frage kamen das Augsburger Rathaus, das Ulmer Münster und die Wallfahrtskirche Maria Vesperbild, die auf Grund einer Umfrage schließlich ausgewählt wurde.

Ihr könnt euch vorstellen, dass Kirchen im Vergleich zu einfachen Häusern schwerer zu bauen sind. Sie haben mehr Verzierungen und Rundungen. Es gehört viel Kreativität und Vorstellungsvermögen dazu, diese Details wirklichkeitsgetreu nachzubilden.

Vor dem Bildnis der Maria mit Jesus nach der Kreuzabnahme beteten die Mönche früher zur Vesperstunde d.h. um 18 Uhr. Daraus entstand der Name Maria Vesperbild. Die zu dieser Stunde eingenommene Abendmahlzeit heißt vielerorts heute noch „Vesper“.

Maria Vesperbild ist auch im Original eine beliebte Hochzeitskirche.

Die Wallfahrtskirche liegt in Ziemetshausen, einem Ort auf halbem Weg zwischen LEGOLAND und Augsburg. 400.000 Pilger kommen jährlich hierher.

Die LEGOLAND Nachbarschaft: landwirtschaftlich geprägte Dorfidylle, Viehwirtschaft und Molkerei. Die schmucken Häuser sind auf der Rückseite offen und wie Puppenhäuser eingerichtet.

Auf Knopfdruck muhen die Kühe im Stall im Takt zu „Old McDonald had a farm“.

Schwäbische Puppenstubenidylle: Die Mutter bringt dem Baby die Milch. Aber auch Hi-Tech in der Milchabfüllung. Alles LEGO, oder was?

Monsignore Imkamp kommt aus seiner Kirche und segnet das neue Wahrzeichen aus LEGO Steinen.
Während der Bauphase bestand im Park strikte Helmpflicht. Die Ausnahmegenehmigung kam wohl von ganz oben.

Kleine Kunstwerke

Bei Statuen stoßen selbst die Designer an ihre Grenzen, doch auch hier scheint nichts unmöglich. Und wenn die Denkmäler und Brunnen weltberühmt sind, wird der Ehrgeiz erst richtig angestachelt. Häufig helfen kleine Bausteine aus der LEGO TECHNIC Reihe und flache Grundsteine weiter.

Am besten dreht ihr im Miniland eine Extrarunde, um die vielen kleinen Kunstwerke zu besichtigen. Luzern, Venedig und Berlin erweisen sich dabei als wahre Schatzkammern. Ihr solltet dabei aber auch auf die Mosaike an den Fassaden achten.

Aufbau Ost: Auf jedem Pfeiler dieser Brücke in Berlin steht ein Kunstwerk. Später werden hier Ausflugsboote unter der Brücke durchfahren.

Das eiserne Männli auf einem der Musegg-Türme, Teil der Stadtmauer von Luzern

Brunnen mit Trachtengruppe in Luzern

Ilja installiert gerade die Quadriga auf dem Brandenburger Tor.

Die Siegessäule mit der „Joldelse", wie die Berliner zärtlich zu ihrer tonnenschweren Bronzegöttin sagen. Sie steht auf einer 18 cm dicken LEGO Säule. Die Idee entstand, weil die Designer nach dem Hotel Adlon mal was ohne Fenster bauen wollten.

Der Markusplatz mit Campanile und Dogenpalast. Ein Gesamtkunstwerk und zu allen Zeiten gerne abgebildet: 2002 von den LEGO Designern …

… 1740 von Canaletto (der Name deutet an, dass auf allen seinen Bildern die Kanäle zu sehen sind)

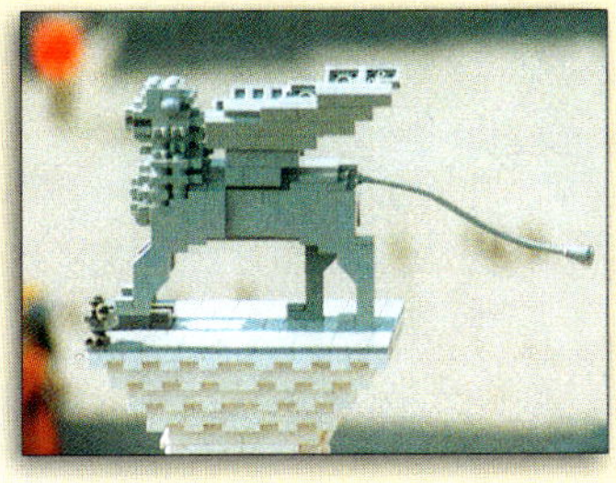

Zu Venedig gehören auch die Säulen mit St. Theodor und dem geflügelten Markuslöwen sowie die Glockenschläger auf dem Uhrenturm.

Es grünt so grün

Bei unserem Rundgang wird euch auffallen, dass sich die Themenbereiche im LEGOLAND auch durch ihre jeweilige Bepflanzung unterscheiden. Durch die Art der Gebäude, des Bodenbelages und durch die Pflanzen bekommen sie ihre eigene Atmosphäre. Einen besonderen Reiz üben z.B. die „Zwergpflanzen“ im Miniland aus; hier ist die Vegetation dem Maßstab 1:20 angepasst. Um den richtigen Eindruck zu vermitteln, werden kleine Bäumchen wie Stechpalmen, koreanische Hainbuchen, Schlehen, und Korkenzieherlärchen ständig beschnitten. Dabei sind für die einzelnen Landschaften wiederum Pflanzen ausgewählt worden, die zur jeweiligen Region passen. Doch aufgepasst: Auch LEGO kann grün sein.

Mehrere Gärtner sorgen täglich dafür, dass die Pflanzen nicht in den Himmel wachsen und die Kieswege der Modell-Landschaften nicht verkrauten. LEGO Gärtner helfen ihnen.

Mit einem Blick durch die Minibäume wirken die Modelle noch echter und die Städte noch charmanter.

Die „Weinberge“ im Rhein-Moselgebiet sind mit einer kleinwüchsigen und langsam wachsenden Mistelsorte bepflanzt.

Rosen für die Damen: Überraschungspräsent am Eröffnungstag

Januar 2001, Landschaftsmanager Lukas Niggemeier hat Großes vor: in 16 Monaten soll hier ein grüner Park stehen.

Spätestens alle vier Wochen werden ca. 600 Bäumchen mit einer Bonsai-Schere beschnitten. Im Laufe von ca. 20 Jahren werden sie dadurch zu Bonsais.

Ein kleiner Park in Venedig. Zwergkiefern, Buchs und japanischer Ahorn bilden die Bäume.

Durch „Drahten“ werden manche Bäume in die gewünschte Form gebracht.

Baumaterial für LEGO Grün und Blüten

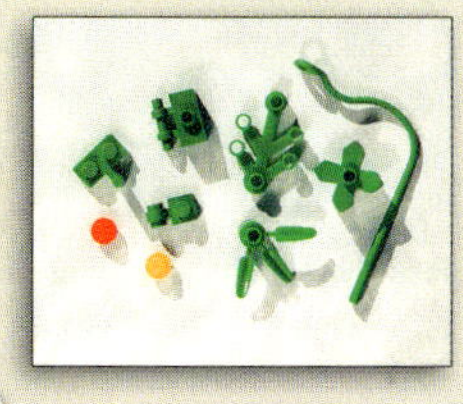

Sieht aus wie eine Blumenwiese: das Sternmoos

So baut man Efeu, Kletterrosen und Balkonblumen.

Bergwald im Berner Oberland: Zuckerhutfichten und verschiedene Sedum-Arten

An einigen Sommerabenden könnt ihr LEGOLAND Deutschland in nächtlichem Flair erleben. Illumination, Lichtshow und Feuerwerk geben den Miniaturen einen besonderen Reiz.

Einen schönen Blick auf LEGO CITY und Miniland habt ihr während der Fahrt mit dem LEGOLAND EXPRESS.

LEGO CITY –

Großstadtflair im Kleinformat

Auf unserem Rundgang ist dies der nächste Themenbereich nach dem Miniland. Hier fühlt ihr euch wie in einer Großstadt. Die Attraktionen wie Hafen Rundfahrt, LEGO Fabrik, Fahrschule und Spielplatz-Werft sind Teil der Stadt. Die Pflanzen stehen in Kübeln, das kennt ihr von einer Fußgängerzone. Überall in der City trefft ihr die LEGO Freunde, das sind die 80 cm hohen Figuren aus LEGO Steinen, die allerhand Arbeiten verrichten, z.B. im Restaurant oder beim Straßenbau.

Dieser LEGO Freund hat wohl zu fest gebohrt.

LEGO Freunde bauen eine Hochstraße. Ein Stück Dekoration in LEGO City, mehr nicht. In den englischen Planungsunterlagen war hier ein „Highway“ verzeichnet. Das hat dazu geführt, dass auch die Statik für eine echte „Autobahn“ berechnet wurde. Die deutsche Baufirma hat die Pläne sorgfältig ausgeführt. Jetzt könnten richtige LKWs darauf fahren.

Auf die Idee zu dem Autounfall-Spielplatz muss man erst einmal kommen. Die Nummernschilder gibt es wirklich, sie gehören LEGOLAND Mitarbeitern. Ein derartiger Unfall hat jedoch nie stattgefunden.

Das City Restaurant sieht aus wie eine alte Fabrik. Lustige LEGO Köche balgen sich überall im Haus um das Essen.

Sogar die Pommes haben Noppen

Es gehört zum LEGO Stil, niemanden zu verärgern. So wurden die Günzburger gefragt, ob sie etwas dagegen hätten, verspeist zu werden. Sie fanden das aber lustig.

Augen auf bei der Hafen Rundfahrt: Es gibt viel zu entdecken. Die Elektroboote dürft ihr selbst steuern.

Mein erster Führerschein

Die Audi LEGOLAND Fahrschule ist eine der Attraktionen im Park, die nicht nur Unterhaltung bieten sollen. Es gehört nämlich zur LEGO Philosophie, dass Lernen auch Spaß machen kann. Das Konzept wurde in Zusammenarbeit mit der Polizei Schwaben erarbeitet und dient als Ergänzung zum Verkehrsunterricht an den Schulen. Im Schulungsraum bekommen die jungen Fahrschüler erst einmal einen digitalen Trickfilm zu sehen, der eigens für LEGOLAND Deutschland entwickelt worden ist. Animierte LEGO Männchen zeigen das richtige Verhalten im Verkehr. Der Film hat bereits den Animago-Preis für lehrreiche Trickfilme bekommen.

Im Schulungsraum wird zuerst der Film gezeigt, dann erklärt die Fahrlehrerin noch einmal die wichtigsten Regeln und Zeichen.

Die Altersbegrenzung für die Fahrschule liegt bei 7-13 Jahren. Jüngere Kinder gehen in die Juniorfahrschule gegenüber.

Blinker hat der stilisierte LEGOLAND Audi TT Roadster nicht, da heißt es Arm raus.

Letzte Anweisungen vor dem Start. Dann geht es los mit 6 km/h.

Endlich geschafft: Stolz wird der Audi LEGOLAND Führerschein präsentiert.
Hier und da musste die Fahrlehrerin aber noch ein Auge zudrücken.

Chefdesigner für die Attraktionen ist Justin East. Die Fahrschulautos wurden am Computer entwickelt.

Der Audi TT als LEGO Modell. Sogar die vier Ringe sind vorne drauf.

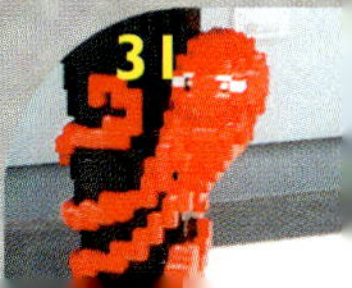

LEGO Fabrik und Modellwerkstatt

In der LEGO Fabrik könnt ihr weltweit zum ersten Mal zuschauen, wie LEGO Steine hergestellt werden. Auch hier liegt die LEGO Edutainment-Philosophie zu Grunde: Lernen mit Spaß und allen fünf Sinnen. Edutainment ist ein neues Wort, das aus Education (Erziehung) und Entertainment (Unterhaltung) zusammengesetzt ist.

Anschließend könnt ihr die Modelldesigner bei der Arbeit besuchen und die Ergebnisse bestaunen: Große Miniland Modelle, Männchen, Autos und Schiffe. Sonderangebot: Hier kann man LEGO Steine nach Gewicht kaufen.

Der Stein wird mit einer Art Stempel bedruckt. Nach Weiß ist nun Gelb dran.

Das farbige Granulat wird aus den Silos in die Spritzgussmaschine geleitet und anschließend bedruckt. Jeder Arbeitsschritt kann beobachtet werden.

Am Schluss bekommt ihr einen frisch gepressten und bedruckten LEGO Stein.

Der Rundgang in der Fabrik beginnt mit einem Trickfilm: Ein LEGO Männchen versucht die Produktion zu retten.

Autsch, jetzt ist er in die Spritzgussmaschine geraten.

Jan Olsen ist aus dem dänischen Aarhus und gelernter Industriedesigner. Bevor er zur LEGO Company kam, hat er Formen für verschiedene Produkte entwickelt, z.B. für Computer. Bei der Bewerbung sollte er ein Raumschiff bauen. Die Brücke im Hamburger Hafen und einige Gebäude in Venedig stammen von ihm. Gerade arbeitet er an einem Dinosaurier-Skelett für den Eingang vom Dino-Camp.

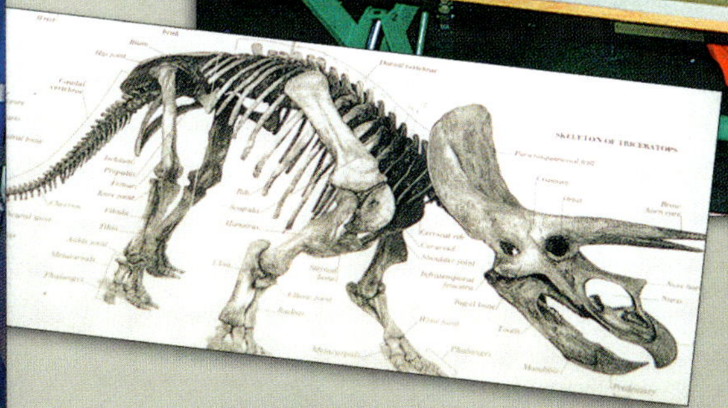

Aus verschiedenen Abbildungen des Dinosauriers werden Planskizzen auf Modulpapier entwickelt. In den Schubladen der Regale sind die notwendigen Steine einsortiert.

Kenneth Brun Petersen kommt von Fünen, einer dänischen Insel. Er war früher Karosseriebauer und hat für die LEGO Company Spezialautos gebaut. Hier steckt er gerade einen Truck zusammen, aber am liebsten baut er Schiffe, weil es für ihn eine Herausforderung ist, die Details und die Rundungen zu bauen.

Das Lösch-Schiff im Hamburger Hafen ist von Kenneth.

Land der Ritter –

In Merlins Zauberreich

Kaum haben wir LEGO CITY auf unserem Rundgang verlassen, betreten wir eine andere Welt: Krumme Kiefern, Korkenzieherhaselsträucher, Essigbäume und Steinbuchen bilden einen Zauberwald rund um die Ritterburg und schaffen zusammen mit den Minnegesängen eine mittelalterliche Stimmung.

Heulen da nicht Wölfe? Zum Glück sind sie aus LEGO Steinen, ebenso wie die anderen Waldtiere. Um die prächtige Burg scharen sich Ritter, Handwerker und Tagediebe.

Ertappt: der Hühnerdieb auf dem Dach

Die massive Ritterburg lädt euch zu einer Zeitreise ins Mittelalter ein.

Der Biber begrüßt die ankommenden Gäste in seinem Reich.

Aufmerksam verfolgt der Fuchs das Geschehen.

Kleine und große Goldwäscher werden hier bestimmt fündig.

Das Katzengold (Pyrit) leuchtet in der Sonne, schnell zum Wiegen damit.

„Leute, kommt herbei – Gold!“

Jeder Stein dieser Burg ist individuell gestaltet: Auf das Stahlgerüst wurden zunächst Platten und darauf Spritzbeton aufgetragen. Anschließend wurden die Konturen mit Spachteln herausgearbeitet.

In der Höhle des Feuerdrachen

Schon der Weg über den Burghof und der Aufgang zur Achterbahn lässt euch die schaurigen Ereignisse ahnen. Denn dieses Fahrgeschäft ist gleichzeitig auch eine Themenbahn: Der erste Teil der Fahrt führt noch mit mäßigem Tempo durch die Gemächer der Burgbewohner. Alles ist natürlich aus LEGO, logo. Doch sobald der Feuerdrache die Eindringlinge bemerkt, geht die Fahrt erst richtig los …

Begeben wir uns also auf die Reise ins Mittelalter.

1

Eine verschlafene Wachmannschaft. Wissen die denn nicht, was hier los ist? Was sind das für große Fußspuren am Boden? Nur einer blickt durch. Kommt hier lieber nicht rein! In der Burg haust der gefährliche Feuerdrache. Mit gemischten Gefühlen treten wir ein. Ein grüner Glücksdrache wartet auf uns. Auf seinem Rücken dürfen wir die Burg besichtigen.

2

Dem mächtigen Zauberer Merlin war es einst gelungen, den Drachen zu bannen. Seitdem muss der Drache den Schatz des Königs bewachen.

Wertvolle Wandteppiche zieren die Eingangshalle der Burg

3

Ritter und Hofnarr scheinen sich an die Gefahr gewöhnt zu haben und feiern ausschweifende Feste. Doch aus der Tiefe hört man schon das Grollen des Drachen.

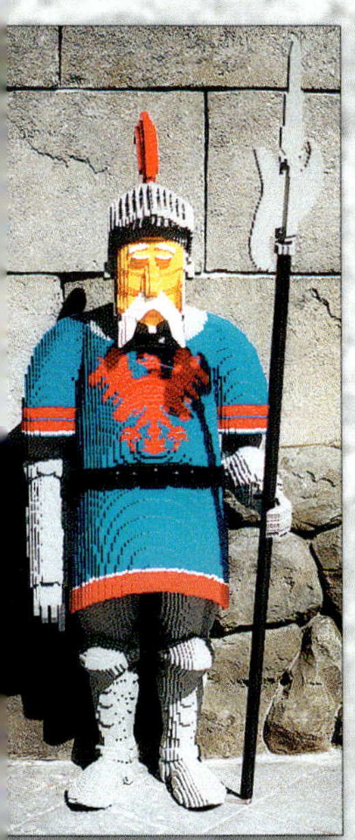

Der Schild des tapferen Ritters Leo von LEGOLAND

4

Als wir näher kommen, faucht er uns an und spuckt Feuer. Schnell taucht der Glücksdrache unter ihm durch und eine rasende Fahrt in schwindelerregende Höhen beginnt. 8 Meter pro Sekunde schafft der Glücksdrache.

Grimmige Ahnen haben die Burgherren

Den besten Blick über den Park bietet der über 50 m hohe Aussichtsturm. Oben im Bild ist Miniland, unten der Themenbereich Imagination.

Imagination –

Bunte Welt zum Mitmachen

Im Bereich Imagination ist es bunt. Die Pflanzen haben geometrische Formen wie Kugeln oder Pyramiden. Die Gebäude sind aus bunt angemaltem Metall.

Hier ist aktives Mitmachen angesagt. Ob ihr euch auf dem Spielplatz tummelt, den Kids Power Tower hochzieht, Tret-o-Mobil fahrt oder eure Modelle testet, immer gilt: hands on – minds on, greifen und begreifen.

Auch vom Tret-o-Mobil aus habt ihr einen guten Blick auf das Miniland.

Wasserwege bauen oder mit LEGO EXPLORE spielen. Dieser Spielplatz ist das Richtige zum Austoben, denn der Boden ist aus einer speziellen bunten Gummimasse.

Das beliebteste Fotomotiv für Eltern: die Kinder schauen aus dem Löwenmaul. Übrigens: Die Mähne des Löwen besteht aus LEGO Äffchen.

Eine besondere Attraktion ist die vollautomatische Pizzamaschine, die 900 Pizzen in der Stunde belegen und backen kann. 100 Kilo Tomaten, 50 Kilo Käse und mehrere Meter Salami werden stündlich verbraucht. Sieben lange Salamis stehen in Röhren über dem Messer. Ein Schnitt – und sieben Scheiben fallen auf die Pizza. Friedrich Hirsch ist der oberste Chefkoch im LEGOLAND Deutschland. Wenn er alle Pizzen eines Tages aufeinander legt, dann wäre der Stapel etwa so hoch wie der Aussichtsturm.

Kids Power Tower. Nicht nur Kraft ist beim Hochziehen gefragt, wer den Trick bemerkt, hat es leichter.

Showbusiness – Jack Stone und Co.

Auf dem großen Platz im Imagination Bereich seht ihr den Eingang zur LEGO Arena. Bunte Shows gehören einfach zu einem LEGOLAND. Mit 800 Plätzen ist die Arena die größte Bühne. Ca. 250 Plätze gibt es im Affentheater und Prinzessin Wirbelwind kann ihre Abenteuerlust auf der Open-Air-Bühne des Burgtheaters austoben. Die Shows werden täglich mehrmals gespielt.

Das Publikum wird zu Jubelstürmen animiert.

Der Wasser-Professor und sein Assistent Biff, ein chaotisches Paar.

In der Saison 2002 rettet Jack Stone, der bekannte Held aus der gleichnamigen LEGO Produktserie, Brick City. („Brick“ ist das englische Wort für Stein)

Manfred Chaos versucht das Wasserwerk zu zerstören, ein klarer Fall für Jack Stone.

Olga, die Polizistin im Einsatz, ebenfalls bekannt aus der LEGO Produktserie.

Katja Kiesewalter (oben Mitte) ist Entertainment Supervisor. Sie kommt aus der Artistik und ist nun für die drei Bühnenshows und die Walking Characters zuständig. Schauspieler für Stunt Shows sind nicht leicht zu finden, weil in Deutschland Schauspieler und Artisten getrennt ausgebildet werden. Die Castings wurden von einer Agentur an mehreren Orten durchgeführt. Schließlich wurden die Bewerber noch von der Stunt Crew in Babelsberg getestet. Ständig muss ein Springer anwesend sein, d.h. ein Schauspieler, der notfalls für alle Rollen einspringen kann.

Bob the Builder

Jack Stone

Wegen der Hitze darf ein Walking Character höchstens 20-30 Minuten im Kostüm stecken. Da das Gesichtsfeld sehr eingeschränkt ist, muss er immer von einer weiteren Person begleitet werden. Er sieht ja schließlich nicht, wenn hinter ihm ein kleines Kind steht.

AFFENTHEATER

Das Affentheater ist eine Showbühne für kleinere Kinder. Dort gibt es bekannte LEGO EXPLORE Figuren wie Frosch, Prinzessin und Zauberer als Handpuppen zu sehen.

Im Burgtheater ist der Kampf der mutigen Prinzessin Wirbelwind mit dem Drachen geschickt inszeniert. Die Kinder dürfen beim „Drachenkampf“ helfen.

Teste deine LEGO Modelle

Das Bau- und Testcenter ist im LEGOLAND ein weiterer Bereich, bei dem Spielen und Lernen Hand in Hand gehen, denn hier könnt ihr eure eigenen Modelle systematisch testen. Wird das Auto schneller, wenn man größere Räder nimmt? Was passiert, wenn man das Auto schwerer oder leichter macht?

Wer will, kann aber auch einen Turm bauen und testen, ob er erdbebenfest ist.

Schulklassen können hier auch unter Anleitung in speziellen Workshops arbeiten. Die Ideen dazu werden in Zusammenarbeit mit Lehrern, Eltern und Schülern erarbeitet. Aber allein oder mit Freunden geht's auch. Mit Knöpfchen und Köpfchen, Lernen durch Begreifen. Typisch LEGO!

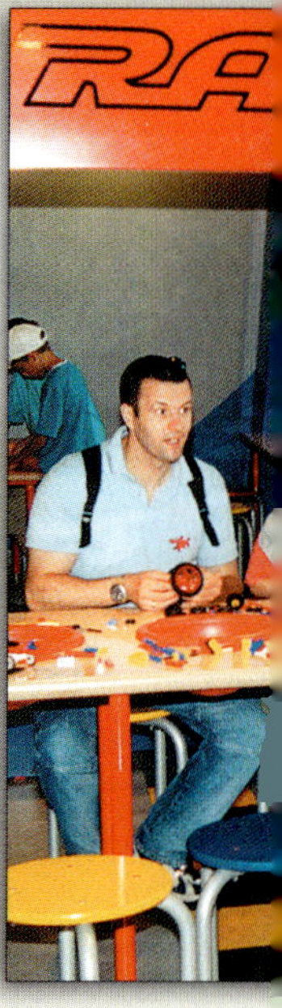

Der Start wird elektronisch gesteuert, die Zeit wird gemessen und angezeigt. Nach dem Count Down heißt es: „Go LEGO go!"

Wer es lieber künstlerisch statt technisch mag, kann Mosaike stecken.

An den Bautischen könnt ihr euer Fantasieauto bauen, Material ist genug vorhanden.

Wie bewegen sich wohl die anderen Zahnräder, wenn ich jetzt … hier mal drehe?

Wieder was gelernt: Ein hoher schlanker Turm knickt beim Erdbebentest unterhalb der Mitte ab. Mit dem Drehknopf kann das Mädchen die Erdbebenstärke einstellen.

Sei auf alles gefasst!

Der Übergang zum nächsten Themenbereich beginnt ganz fröhlich.

Singende Steine begrüßen uns freundlich, doch das Äffchen warnt uns mit seinem Gekreische.

Wo kommen bloß diese riesigen Fußspuren her?

Echsen lauern auf den Felsen.

Rundherum ist Urwald, Bambus und Dattelpalmen bieten allerlei unheimlichen Tieren Deckung.

Aus den Palisaden eines alten Forts schaut eine Riesenschlange heraus. Das soll ein Spielplatz sein?

Der Pilot eines abgestürzten Flugzeuges hat hier ein Proviant Depot aufgemacht und gibt uns etwas zu trinken.

„Seid vorsichtig, ein Panter treibt hier sein Unwesen“, ruft er zum Abschied.

Endlich erreichen wir das Camp von Joe Black. Miss Pippin, seine Assistentin, berichtet uns, dass Joe auf der Suche nach dem verschwundenen Professor ist. Morgen sollen wir dabei helfen.

Verschollen im Dschungel

1

Am nächsten Morgen brechen wir früh aus unserem Camp auf. Miss Pippin hat Frühstück gemacht und gibt uns ein Boot. Wo bloß Joe Black bleibt? Und ob wir den Professor finden?

5

Ein Entenschnabelsaurier taucht über uns auf. Gut, dass er nur Pflanzen frisst.

Das Flusspferd hat wohl noch nicht gefrühstückt.

4

Hilfe, ein Brontosaurier. Aber Joe ist zur Stelle und hat alles im Griff.

2

Endlich steht Joe am Ufer und zeigt uns auf der Karte den Weg.

3

Der Styracosaurier scheint friedlich zu sein. Wo der Professor nur stecken mag?

6

Plötzlich zieht ein Wasserstrudel unser Boot in eine schaurige Höhle. Joe muss ein paar Expeditionsmitglieder aus den Schlingen einer fleischfressenden Pflanze befreien.

Wieso wird die Strömung plötzlich so stark? Ohh … neiiin …

Die Dschungel X-pedition ist das aufwändigste Fahrgeschäft aller vier LEGOLAND Parks. Die Berglandschaft wurde vorher als Modell im Maßstab 1:20 aufgebaut.

Der Berg besteht aus einem Stahlgerüst, über das Matten gelegt wurden. Mit Spritzbeton wurde dann der Felsen moduliert. Die Wasserpumpen sind im Innern des Berges untergebracht. Für den 12 m hohen Wasserfall werden pro Sekunde 80 Liter Wasser gebraucht.

Wenn der Beton seine endgültige Oberfläche hat, wird noch „Moos" aufgetragen. Der Berg steht ja schließlich im tropischen Urwald.

7

… das war knapp, aber da ist ja der Professor. Die Suche war erfolgreich und die Expedition ist überstanden.

Dinos aus dem Computer

Ist es euch aufgefallen, dass die Dinosaurier im LEGOLAND so echt wirken? Seit einiger Zeit geht man in Billund im Konstruktionsbereich „Shows und Events“ neue Wege. Dazu wurde ein spezielles Computer-Zeichenprogramm für große LEGO Modelle entwickelt. Einer der vielen Vorteile ist, dass keine Prototypen mehr gebaut werden müssen. Die neue Bautechnik ermöglicht herrliche Details, eine plastischere Farbgebung mit Schatteneffekten und eine fast natürlich wirkende Oberfläche.

Zusätzlich werden die Modelle immer häufiger animiert, denn die Besucher erwarten inzwischen naturgetreue und dynamische Szenerien. Es sollen möglichst viele Sinne angesprochen werden. So kann es sein, dass zukünftig auch mit Düften gearbeitet wird.

Die Phasen der Entstehung:

1. Planung am Computer.
2. Stahlgerüst schweißen, der Computer gibt den Bauplan vo

Grundlage für die Konstruktion mit dem Zeichenprogramm ist eine bestehende 3D-CAD-Grafik. CAD heißt Computer aided Design. Damit werden Computergrafiken von beliebigen Objekten wie z.B. Häusern, Autos oder Lebewesen zwei- oder dreidimensional hergestellt. Auch Trickfilme werden so gemacht. Der Computer berechnet dann die Form auf der Basis von LEGO Steinen und legt auch die Farben fest.

Wie bei einem CAD-Modell kann man sich das simulierte LEGO Modell von allen Seiten ansehen.

Die Bewegungen von Kopf und Maul werden über eine Pneumatik gesteuert.

3. Stein auf Stein, auch hier hilft der Computer.

4. Gut verpacken und nach Günzburg schicken.

„Bauen ist sehen!“ Inger Bundgard hat sich auf das „Modellieren“ von Tieren spezialisiert. Sie beginnt mit dem Kopf des Tieres. Trotz aller Computerhilfe ist sie es, die dem Tier das Leben einhaucht. Der Ausdruck muss stimmen, dazu ist z.B. der Schimmer in den Augen wichtig. Sie muss sich auch mit den Verhaltensweisen und dem Skelettaufbau ihrer Vorbilder beschäftigen, z.B. Trickfilme anschauen und Bücher lesen. Das ist notwendig, um die Muskulatur naturgetreu erscheinen zu lassen. Nur so werden die Tiere hinterher „beseelt“ aussehen.

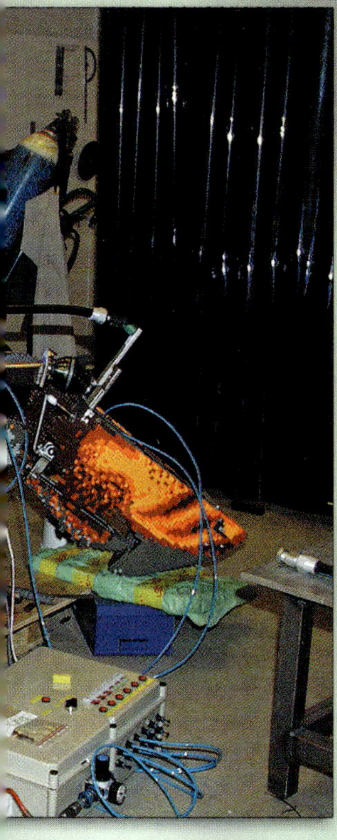

Der Entenschnabelsaurier findet schließlich seinen Platz im Fluss der Dschungel X-pedition und dreht sich, wenn ihr mit dem Boot vorbeifahrt.

Am Rande des Urwaldes, da wo die Steppe beginnt, liegt die Safari Tour. Der gleiche Reiz, der vom Miniland ausgeht, ist auch in den Modellen dieser Wildnis zu finden. 90 Tiere aus Wüste und Savanne sind hier vertreten.

Misstrauisch betrachtet die Gorillamutter die Besucher.

Schnappt euch einen Zebra-Jeep und schon geht es auf Safari. Auch Eltern fahren bei diesem Savannenabenteuer gerne mit.

Die „Wildhüter“ sind unsere Freunde aus der Modellbauwerkstatt. Jeden Morgen schauen sie, ob ihre Schützlinge gesund sind. Kleine chirurgische Eingriffe werden sofort erledigt.

Ein kleiner Braunbär, noch ist er zum Liebhaben.

Eines der Prunkstücke der Safaritour: ein lebensgroßer Elefant. Das Stahlgerüst ist später mit Wasser bedeckt.

Ein paar junge Tiger balgen sich – die ersten Rangfolge-kämpfe.

Als der Strauß in Günzburg ankam, dachte man zuerst, der Kopf wäre beim Transport abgebrochen.

Das Krokodil kriecht aus dem Gebüsch – zum Glück erst, wenn der Jeep die Lichtschranke (unten Mitte) passiert hat.

Die Bauzeit für einen Pelikan beträgt 16 Stunden. Das Wasser in den Seen muss entkalkt werden, sonst gäbe es bald hässliche Ränder an den Füßen der Modelle.

Giraffen waren schon im ersten LEGOLAND in Billund vertreten, sahen bei weitem aber noch nicht so detailliert aus.

Der Zebra-Jeep fährt an allen Tieren vorbei. An heißen Tagen hält der Elefant eine Erfrischung parat, das Ergebnis ausgefeilter technischer Tricks. Die Bewegung wird durch Luftdruck erzeugt, die Pneumatik dazu steckt im Bauch des Tieres. Im Vorbeifahren hört man auch die Schreie der Tiere und die Gesänge der Eingeborenen. Selten ist der Lautsprecher so deutlich wie hier beim Flamingo zu sehen.

Ein Genuss an heißen Tagen und wenn ihr Ersatzklamotten dabei habt.

Wer ist der Schnellste?

Dieser Themenbereich ist durch Attraktionen wie LEGO Racers Drome, Project X – LEGO Test Strecke und LEGO Studios vor allem dem LEGO Racing gewidmet. Dazu gibt es für euch jede Menge Wasserspaß, ebenfalls mit high speed. Aber auch euer Wissensdurst soll nicht zu kurz kommen: Im LEGO MINDSTORMS Center könnt ihr eigene Roboter bauen.

Einen heißen Ritt auf dem Wasser bietet der Wellenreiter. Aber es kann auch ganz schön kühl werden, denn die Zuschauer können Wasserbomben zünden. Da heißt es ausweichen. Doppelspaß: Auch die Bombenwerfer können nass werden.

20 m hoch ist die Project X – LEGO Test Strecke, schnell und wendig mit 7,7 m/s. Im Gegensatz zur Drachenbahn sind die Kurven nicht geneigt, d.h. die Fliehkraft zieht kräftig nach außen. Ein gutes Training für Formel I Piloten.

Eine völlig neue Entwicklung bieten die LEGO Studios mit einem 4D Film. Knapp 500 Sitzplätze umfasst das Kino, dessen Bühne auch für andere Showevents genutzt werden kann. Die vierte Dimension besteht aus Überraschungseffekten, die wir hier nicht verraten wollen.

Das Thema des Films ist aus Computerspielen bekannt: Der böse Dromulus wählt die gefährlichen Pisten aus, auf denen der verträumte Max und der schwarze Herausforderer ein Rennen auf Leben und Tod wagen. Der Film dauert 13 Minuten und wurde in Hollywood von 60 Spezialisten innerhalb von sieben Monaten produziert. Die Auflösung beträgt 1080 x 1920 Pixel, wie bei einem guten Monitor. In der Entwicklungsphase entstanden 1,7 Terabyte Daten, die auf 590 weltweit vernetzten Computern sechs Wochen lang berechnet wurden.

Die dritte Dimension wird mit Polfilterbrillen realisiert. Der prominente Brillenträger ist der LEGO Chef Kjeld Kirk Kristiansen, genannt KKK. (Sein Großvater, der Firmengründer, hieß noch Christiansen, aber dann machte der Standesbeamte bei Kjeld einen Schreibfehler.)

Max ist verzweifelt, aber die Roboter aus alten Autoteilen helfen ihm. Diese Szene aus dem Film ist in LEGO Steinen vor dem Racers Drome nachgebildet.

Für den 3D-Effekt muss der gesamte Film zweimal berechnet werden, jeweils aus zwei verschiedenen „Kamerawinkeln" in Augenabstand. Gezeigt wird er dann auch über zwei Projektoren.

Bei der Vorführung im Kino ist vor jedem dieser beiden Projektoren ein Polfilter. Der Trick dabei ist, dass Polfilter die Schwingungen des Lichtstrahls nur in einer bestimmten Ebene durchlassen.

Vom Zeichenblock des Projektmanagers

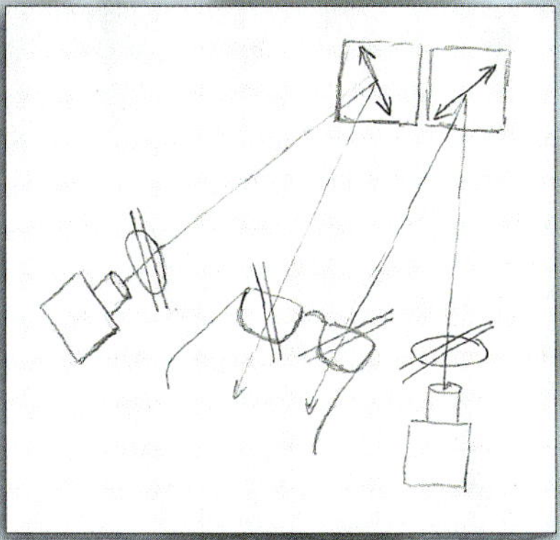

Zwei weitere, gleich ausgerichtete Polfilter sind dann in der Brille. So bekommt jedes Auge nur das Bild „seines" Projektors zu sehen. Die jeweils andere Ebene wird nicht durchgelassen.

LEGO Racers XXL

Mit dem LEGO Racers Drome haben die Designer ein Fahrgeschäft für euch entwickelt, bei dem ihr während des Rennens – im Gegensatz zu Achterbahnen – selbst die Kontrolle übernehmt.

Lebhaft weiß Justin, der Chefdesigner zu berichten, was alles zu planen war: Zuerst brauchte man eine Hintergrundgeschichte, die wie ein Comic gezeichnet wird. Das nennt man Storyboard. Eine futuristische Halle musste gestaltet werden, ebenso wie die Rennautos und die spannungsgeladene Grand-Prix-Umgebung. Einige Rennfahrer und Ausstellungsstücke sind natürlich aus LEGO Steinen.

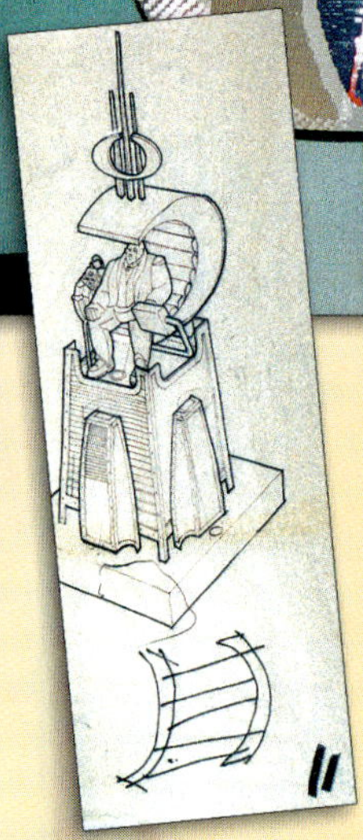

Ähnlich wie im 4D-Film steuert der mächtige Dromulus das Geschehen. Von der ersten technischen Zeichnung bis zur Ausführung in LEGO Steinen wurde noch manches geändert.

Chefdesigner Justin East kommt aus London. Hier erklärt er seine umfangreichen Planungsunterlagen und Ideen.

Die erste Skizze des Designers. Ihr folgen Reinzeichnungen von Grafikern sowie Konstruktionszeichnungen mit einem CAD-Programm. Trotzdem wird zur Beurteilung der Optik noch ein Modell aus Holz erstellt, das ca. 50 cm breit ist. Um den richtigen Eindruck zu bekommen, wird es in der späteren Farbe, in diesem Fall Silber, lackiert.

Grand-Prix-Stimmung schon im Eingangsbereich. Hier könnt ihr als besondere Attraktion einen Formel I Boliden bewundern.

Die technische Grundlage der LEGO Racers sind Autoscooter. Das Tempo könnt ihr durch Einhalten einer Ideallinie beschleunigen. Die Metallplatten auf dem Boden geben bei dieser Fahrroute eine höhere Spannung ab.

Die Vorarbeiten haben sich gelohnt, das Design hat die gewünschte futuristische Wirkung. Hier begegnen wir auch wieder dem schwarzen Herausforderer, sicher fährt er in Poleposition.

Am Ende des Rennens werden natürlich Rang, Fahrzeit und Tempo angezeigt.

Ist das nicht Justin, der euch da in der roten Jacke anfeuert?

Der Sieger darf sich auf das Treppchen stellen, unter donnerndem Applaus. Der schwarze Herausforderer ist nur Dritter geworden und der Silberpfeilfahrer lässt den Champagnerkorken knallen.

LEGO MINDSTORMS – Begreifen und Gestalten

Den Eingang zum MINDSTORMS Center ziert der übergroße Kopf des Jahrhundertgenies Albert Einstein. Ein Ausspruch von ihm könnte auch für das LEGO Edutainment stehen: „Wenn die Menschen nur über das reden würden, was sie begreifen, wäre es bald sehr still auf der Welt.“ Und LEGO Steine helfen euch beim Be-greifen.

Halfdan Andersen erklärt die LEGO Philosophie so: Lernen soll mit aktivem Gestalten einhergehen. Be-denken, Be-greifen, Be-obachten, Be-merken sind Teile des Lernens. Das Ziel ist vernetztes Lernen, mit Spaß und allen fünf Sinnen.

Spielen ist kein Kinderkram, sondern Probehandeln. Jeder erwachsene Planer spielt z.B. seine Ideen durch.

Einsteins Augen folgen computergesteuert dem vorbeigehenden Besucher.

Halfdan Andersen ist für die pädagogischen Konzepte und Workshops zuständig. In Dänemark war er Lehrer für Sport und Deutsch. Zu seinem Bereich gehören auch die LEGO Fabrik, die Fahrschule und das Bau- und Testcenter.

Der LEGO Computer RCX mit Motorsteuerung, LCD-Display und verschiedenen Sensoren.

Die einzelnen Schritte der Programmierung des RCX werden am Bildschirm eingegeben, durch Aneinanderreihen von bunten Befehlskästen. Jede Befehlsart hat eine eigene Farbe.

Für die Beliebtheit von LEGO MINDSTORMS scheint es keine obere Altersgrenze zu geben. Rund die Hälfte der Besitzer dieser Sets sind Erwachsene im Alter von 25 bis 45 Jahren.

Wenn es mal nicht klappt, ist Monika zur Stelle. Sie ist Erzieherin und hat einen Saisonjob im LEGOLAND.

Die weitere Bauanleitung wird Schritt für Schritt am Bildschirm erklärt. Eltern sind offensichtlich gerne dabei, und wer hier wem hilft, das wechselt sich oft ab.

Das Ziel der Programmierung ist es, dass der „Adventure Robo" einen komplizierten Weg zu einem Tempel fahren muss, um dort einen Drachen zu besiegen. Die „Waffen" dazu könnt ihr euch vorher aussuchen. Mehrere „Fallen" liegen am Weg.

Verschiedene Workshops werden für max. je 32 Teilnehmer angeboten. Am besten lasst ihr euch gleich nach eurer Ankunft einen Termin geben. Schulklassen sollten sich einige Tage vorher anmelden.

Hier könnt ihr z.B. diesen „Adventure Robo" bauen. Sein Herzstück ist der LEGO Computer. Sensoren können den Weg sehen, Lichtsignale erfassen oder Gegenstände ertasten. Mittels Motoren kann Robo vorwärts rollen und mit den zwei Gummipfeilen schießt er auf einen Drachen. Die Programmierung ist individuell und wird per Infrarot vom PC auf den Roboter übertragen.

Andere Angebote für Schulen gibt es in der benachbarten LEGO Akademie.
Beim Modellbau bekommen Kinder z.B. ein Gefühl für den Maßstab. Der kleine Elefant soll in 16-facher Größe aus LEGO EXPLORE Steinen (DUPLO) nachgebaut werden.
Der Grundgedanke ist immer, zuerst selbst zu experimentieren und dann die Prinzipien im Park wieder zu entdecken.

Im anderen Workshop wird der „Sport Robo" gebaut. Hier ist die Aufgabe, Bälle in ein Tor zu bringen.

Eine Region bekommt Noppen

Für den vierten LEGOLAND Park standen zuletzt Günzburg und Tokio zur Wahl. Beide Städte haben eine Gemeinsamkeit: Im Umkreis von zwei bis drei Fahrstunden leben rund 25 Millionen Menschen. In Japan hätte ein LEGOLAND den Markt für die bunten Steine vorbereitet, Deutschland dagegen ist einer der umsatzstärksten Abnehmer. Aus diesem Grund fiel die Wahl im September 1999 schließlich auf Günzburg.

Die Region ist nun im Aufbruch: Fast 1000 Saisonkräfte werden jedes Jahr benötigt. Heimische Baufirmen und Lieferanten erhalten Aufträge, denn auch die Infrastruktur muss dementsprechend ausgebaut werden.
1,5 Millionen Besucher werden jährlich erwartet, die man gerne ein paar Tage in der Gegend halten möchte. Eine Studie der Universität Augsburg hat in der Region über 2000 Sehenswürdigkeiten und Attraktionen ausfindig gemacht, wie Radwege, Schlösser und Burgen, Wallfahrtskirchen, Freizeitbäder und Tierparks.

Richard Sindelair ist der Senior Construction Director. Er hat schon LEGOLAND California mit aufgebaut.

Für die Standortwahl war auch die gute Lage entscheidend: an der A8 zwischen München und Stuttgart sowie der A7 von Würzburg bis Füssen. Dazu kam das schöne Waldgebiet.

Durch eine Planungspanne hätte beinahe der Helikopterlandeplatz (H) eine dünne Eternitplatte bekommen und der Airport München im Miniland die dicken Betonfundamente.

Nicht nur beim ersten Spatenstich im Oktober 2000 waren sie maßgeblich beteiligt: LEGOLAND Deutschland Chef John Jakobsen, Ex-Bundesfinanzminister Theo Waigel, Bayerns Justizminister Alfred Sauter, LEGO Chef Kjeld Kirk Kristiansen, Bayerns Landwirtschaftsminister Joseph Miller, Günzburgs Bürgermeister Rudolf Köppler, Bezirkstagspräsident Georg Simnacher und Landrat Hubert Hafner. Was wäre ohne diese massive politische Wegbereitung aus dem Projekt geworden?

Nach der grundlegenden Planung wurde der Park als Modell aufgebaut. Den Interessenten wird im Preview-Center erklärt, wie der Park einmal aussehen soll. Es gehört zum Konzept der LEGO Company, als fairer Partner aufzutreten. Deswegen wird z.B. die umliegende Bevölkerung frühzeitig über Planungen informiert und angehört.

Für die Erschließung des Geländes waren 1,2 Millionen Tonnen Erde zu bewegen, da ein Munitionslager aus dem 2. Weltkrieg entfernt werden musste. Dietmar Mettler ist Architekt und einer der Projektleiter. Stolz erzählt er uns, dass es gelungen ist, den Park ein Jahr früher als geplant fertigzustellen, „rechtzeitig, im Rahmen des Budgets und ohne Rechtsstreit. Dies ist außergewöhnlich für ein derartiges Mammutprojekt." Das Budget betrug über 150 Millionen Euro. Mettlers nächste Aufgabe ist das LEGOLAND Feriendorf.

140 Hektar stehen langfristig zur Verfügung, davon sind 60 Hektar nun bebaut; das entspricht 30.000 großen Kinderzimmern. Platz genug für die bis zu 18.000 Besucher an den Spitzentagen, und auch genug für weitere Planungen, wie neue Attraktionen und das Feriendorf.

Halt doch eben mal den Wolkenkratzer! Die Modelle sind weitgehend in Billund entstanden und nach Günzburg gebracht worden. Die Hochhäuser der Frankfurter Skyline wurden auf einer massiven Betonplatte verankert.

Auf der Baustelle arbeiteten bis zu 700 Menschen aus vielen Nationen, 87 Fremdfirmen waren beteiligt. Nicht allein deshalb ist die Verkehrssprache bei der LEGO Company Englisch. In der heißen Schlussphase, wo manche schon mit Aufräumen beschäftigt waren, andere aber noch installierten, war diese Aufschrift sicher eine gute Idee: „Dieses Teil wird noch gebraucht."

Mitarbeiter finden den LEGO Spirit

Als der erste LEGOLAND Park 1968 seine Pforten öffnete, hatte man am Anfang nur ein älteres Ehepaar eingestellt, das die Tickets und Kaffee verkaufen sollte. Schon bald gab es massive Personalengpässe und sogar die LEGO Direktoren mussten beim Spülen der Tassen helfen.

Heute sind die LEGOLAND Parks Großunternehmen. In Günzburg gibt es 130 festangestellte Mitarbeiter in der Verwaltung, u.a. 10 Mechaniker, 8 Elektriker, 3 Schreiner, 3 Maler, 4 Installateure und 8 Gärtner. Dazu rund 1000 Saisonarbeiter für Gastronomie, Kassen, Verkaufsshops, Parkplätze, Betreuung der Fahrgeschäfte, Grünanlagenpflege, Sicherheitsdienst, Kinderbetreuung und Reinigung. Als Faustregel in der Branche gilt, dass man für 1000 Stellen 5000 Bewerbungen braucht. Doch wer einmal dabei ist, kommt gerne wieder, auch wenn der Job in der Hochsaison anstrengend ist. Einige steigen auch auf. Nicht wenige Parkkarrieren beginnen mit einem Saisonjob.

Knut Epple ist der Trainingsmanager. Von LEGO Mitarbeitern wird viel verlangt. Sie sollen u.a. fröhlich, kommunikativ und aufgeschlossen sein. Das Training soll dazu dienen, dass die neuen Mitarbeiter ihre „Noppen" bekommen, d.h. sie sollen den LEGO Spirit finden. Denn LEGOLAND Besucher haben eine hohe Erwartungshaltung, die nicht enttäuscht werden darf.

John Jakobsen ist der Chef von LEGOLAND Deutschland. Er hat dafür zu sorgen, dass die richtigen Leute am richtigen Platz sind. Und er muss den Überblick behalten. Dafür muss er täglich fit sein. Das schafft er mit seinem Hobby, dem Marathonlaufen. 2001 gewann er sogar den Münchener Stadtlauf. Er besitzt 30 Paar Laufschuhe.

Natürlich hat er schon als Kind gerne mit LEGO Steinen gespielt und fand es spannend auszuprobieren, wie steil ein Zug fahren kann. Er hat Business und Marketing studiert und war Projektmanager vom LEGOLAND California. Seine Frau Gerda war Modelldesignerin in Billund. Womit seine drei Kinder Casper, Maja und Niklas am liebsten spielen? Dumme Frage!

Rune Bach hat 1990 als Saisonkraft in Billund begonnen. 1999 war er LEGO Botschafter im LEGOLAND California. Heute ist er in Günzburg Supervisor für das Personal der Fahrgeschäfte und des Reinigungsdienstes. Er weist die Saisonkräfte in die Arbeit ein und vermittelt ihnen den LEGO Spirit.

Zur Lösung dieser komplexen Aufgabe hat Knut sich das AikiCom-Training ausgesucht, ein auf Kommunikation abgewandeltes Aikido. Das Bild zeigt die sechs Symbole des AikiCom und zugleich die Trainingsinhalte: Zentrum, Kontakt, die Sicht des Anderen einnehmen, Widerstand, Tanz und klare Entscheidung.

Während des Trainings wird mit den Mitarbeitern ein „Vertrag“ geschlossen. Sie müssen die Hände in Farbe tauchen und auf ein Blatt Papier drücken.

140 Modelldesigner haben in der Schlussphase beim Aufbau geholfen. Die meisten von ihnen arbeiten in Billund.

Durch das Tragen einheitlicher Aikido-Anzüge werden die Teilnehmer auf das gleiche Niveau gebracht. Mit Aikido wird im Rahmen der Selbsterfahrung auch der Körperkontakt zu den Mitmenschen geübt: Wie nahe kann ich kommen? Wie vermeide ich Konflikte?
Gemeinsam wird hier ein LEGO Modell gebaut. Kooperative Teamarbeit ist wichtig.

Das ist Katrin aus Neu-Ulm. Sie hat Abitur und ist als Saisonkraft Teamleaderin von 8-12 Leuten im City Restaurant. Eigentlich will sie Schneiderin werden. Sie ist immer fröhlich bei der Arbeit, weil sie beim Mitarbeitertraining den LEGO Spirit gefunden hat. Zuerst fragte sie sich, was der Blödsinn soll, aber dann hat es gefunkt.

Marion Moormann und Kristina Krupp vom LEGOLAND Presseteam. Sie waren immer für uns da, wenn wir Informationen für dieses Buch brauchten.

Der Arbeitstag im Park beginnt mit einer positiven Einstimmung.

LEGOLAND Parks weltweit

Der Name LEGO steht längst nicht mehr allein für gutes Spielzeug aus Steckbausteinen. Das Produktsortiment wurde in den letzten Jahren um Spielzeug für Kleinkinder, Bücher und hochwertige Kinderkleidung erweitert. Ständig ist die LEGO Company auf der Suche nach Ideen, wie man Spielen und Lernen miteinander verbinden kann.

Um in diesem Bereich an der Spitze zu stehen, wird ein Forschungslehrstuhl am Massachusetts Institute of Technology finanziert. Der Leiter des Instituts, Prof. M. Resnick, ist überzeugt, dass der Erfolg in der Gesellschaft von Morgen nicht mehr primär auf Informationen oder Wissen, sondern vor allem auf Kreativität beruhen wird.

Weltweit gibt es jetzt vier LEGOLAND Parks. Im Jahr 2003 wird der 50-millionste Besucher in einem LEGOLAND erwartet. Weitere Parks sind in Planung.

www.lego.com

Natürlich ist LEGO auch im Internet vertreten: Unter www.LEGO.com wird man zu allen Angeboten rund um die LEGO Welt weitergeleitet. Hier ist auch der LEGO Shop at home, das größte LEGO Geschäft der Welt zu finden.

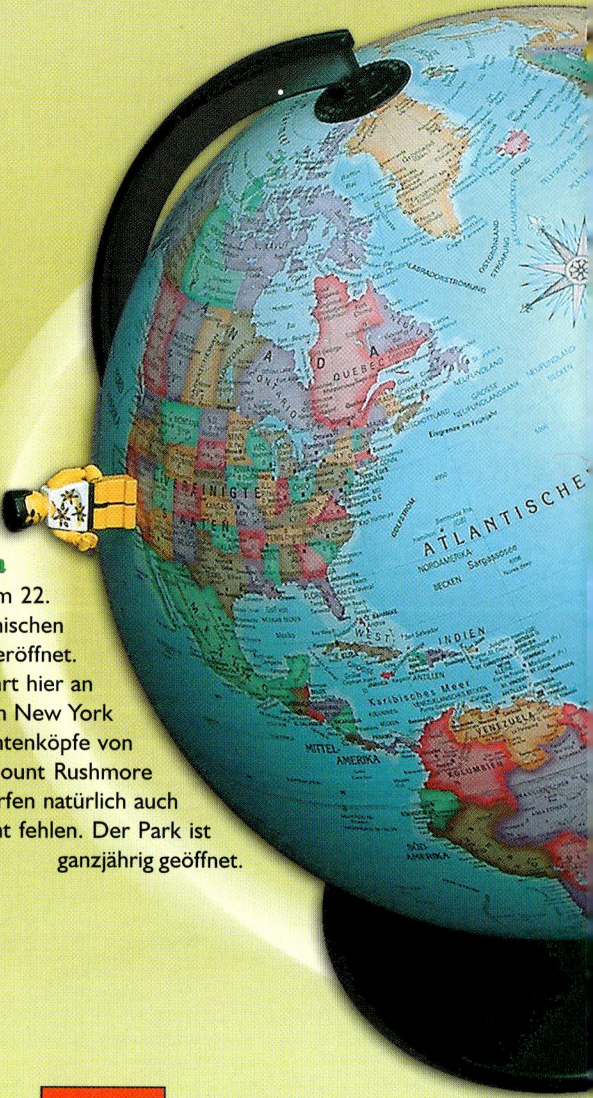

LEGOLAND California

Der dritte Park wurde am 22. März 1999 im südkalifornischen Carlsbad bei San Diego eröffnet. Die Hafen Rundfahrt führt hier an den Wolkenkratzern von New York vorbei. Die Präsidentenköpfe von Mount Rushmore dürfen natürlich auch nicht fehlen. Der Park ist ganzjährig geöffnet.

LEGOLAND Billund

Der erste Park wurde 1968 in Billund eröffnet und entwickelte sich innerhalb kurzer Zeit zu Dänemarks beliebtester Touristenattraktion außerhalb von Kopenhagen. Besonderheiten sind das Spielzeugmuseum mit 1400 mechanischen Spielzeugen, die Minenbahn, Titanias Palast und das Piratenland. Die Saison in Billund beginnt Ende März und endet im Oktober.

Ein Geschenk aus Billund. Zur Eröffnung von LEGOLAND Deutschland wurde als Gastgeschenk aus Billund eine Rotbuche mitgebracht, die 1968 im dortigen LEGOLAND gepflanzt und seitdem ständig fachmännisch beschnitten wurde. Jetzt ist sie ein richtiger Bonsai und soll im neuen Bereich „Neuschwanstein" ihren Platz finden.

LEGOLAND Deutschland

Neu gegenüber den anderen Parks ist hier der LEGO Racers Drome und die Dschungel X-pedition, die das größte Fahrgeschäft in allen vier Parks ist. Besonders reizvoll sind im Miniland die modernen Hochhäuser von Frankfurt in Verbindung mit der romantischen Altstadt. Als Nächstes sind ein Minilandbereich „Neuschwanstein" und ein eigenes Feriendorf auf dem Gelände hinter dem Aussichtsturm geplant. Alle zwei Jahre soll eine neue große Attraktion hinzukommen, kleinere werden ständig in der laufenden Saison eingerichtet. Die Saison geht von Ende März bis Anfang Januar.

LEGOLAND Windsor

Der zweite Park wurde 1996 in Windsor, Großbritannien, eröffnet. LEGOLAND Windsor liegt ca. 30 Kilometer westlich von London in unmittelbarer Nähe von Windsor Castle, dem Schloss der Queen. Es ist eingebettet in eine wunderbare englische Parklandschaft. Hier gibt es Irrgärten, das Magic Theatre und die Jack Stone Stunt Show mit Stürzen von einem 20 m hohen Leuchtturm. 1997 wurde der Park zu Großbritanniens beliebtester neuer Sehenswürdigkeit gekürt. Die LEGOLAND Windsor Saison beginnt Mitte März und endet Anfang Januar.

Parkplätze sind genug vorhanden, aber man sollte sich seinen Stellplatz gut merken. Bekannte LEGO Figuren helfen dabei.

Autofahrer erreichen das LEGOLAND Deutschland über die Autobahn A8 München–Stuttgart, Abfahrt Günzburg.

Wenn ihr mit der Bahn anreisen wollt, solltet ihr nach Sondertickets fragen. Vom Bahnhof Günzburg fährt ein Bus.

Nur wenige Personen dürfen so in den Park. Die aktuellen Eintrittspreise und Öffnungszeiten erfahrt ihr unter: 08221 700 700
Es gibt auch Jahreskarten, 2-Tageskarten und Lifetime-Pässe. Die Tageskarte kann man sich auf eine Jahreskarte oder 2-Tageskarte anrechnen lassen.
Gruppenbuchungen und Anmeldung für Workshops:
Telefon: 08221 700 211
Fax: 08221 700 250

Dies ist einer der wenigen Hunde, die sich im Park aufhalten dürfen. Für alle anderen Hunde gibt es ein Hundehaus am Parkplatz 3.

Bei der Suche nach Übernachtungsplätzen oder weiteren Freizeitattraktionen hilft die Tourist Information am LEGOLAND,
Telefon: 08221 200 700
Ab 2004 hat LEGOLAND Deutschland ein eigenes Feriendorf.

LEGOLAND Deutschland hat fast das ganze Jahr geöffnet. Nur von Mitte Januar bis Mitte März ist Winterpause.

Taube auf dem
Markusplatz,
Skizze auf LEGO
Modulpapier